LEER EN ESPAÑOL. PRIMEROS LECTORES

NIVEL 2

Trabajo en equipo

CB003220

SANTILLANA ESPAÑOL

Esta es Lara.

Esta es Maya.

Lara y Maya se sientan juntas en clase, pero ¿son amigas?... ¡Nooo!

Maya es muy buena...

... en matemáticas. Sabe hacer sumas muy, muy difíciles.

... en ciencias. Sabe hacer experimentos muy difíciles.

... y en informática. Siempre gana en los juegos de ordenador.

Lara es muy buena...

... escalando. Puede subirse por las paredes.

... en gimnasia. Da saltos muy, muy difíciles.

¡PLAF!

... y corriendo. ¡Corre más rápido que nadie!

Un día, la clase va de excursión al museo. Cuando van a subir al autobús, Maya empuja a Lara y después Lara empuja a Maya. ¡Oh, no! ¡Se están peleando!

Los niños miran el diamante, pero ¡Lara y Maya se pelean **otra vez**!

Las chicas bajan a la entrada en ascensor. Las chicas se hacen amigas.

La clase vuelve a casa, pero ¿dónde están Maya y Lara?

Son las seis en punto y el museo cierra sus puertas. Las chicas se han quedado dormidas en el avión y el vigilante no las ve.

Maya y Lara deciden salvar el diamante.

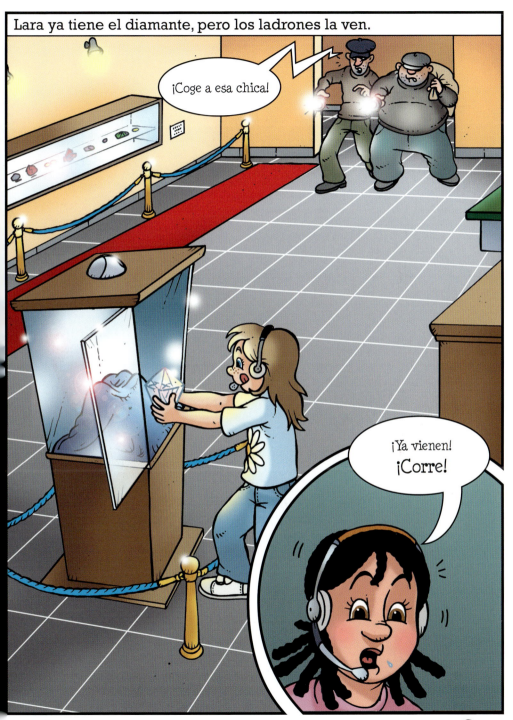

Lara es más rápida que los ladrones. ¡Corre, Lara, corre!

… pero los ladrones son muy torpes.

Lara escala la pared. ¡Cuidado, Lara!

Llega la Policía. Encuentran a los ladrones en el ascensor.

La Policía se lleva a los ladrones.

Lara y Maya salen en el periódico.
La Policía da a las chicas una copa muy especial.

Lara y Maya son ahora muy buenas amigas.

Pictodiccionario

el ascensor · el avión · la copa

el diamante · dormir · escalar

estar enfadada · el experimento · el ladrón

23